JN257152

1日1話で、あなたの人生が変わる！

物語が教えてくれる 7つの習慣

THE SEVEN HABITS OF TEACHING IN 31 STORIES

著｜中山 和義
監修｜フランクリン・コヴィー・ジャパン

フォレスト出版

はじめに

どうすれば、本当の幸せを手に入れることができるのか？

そのことを18年前、私に教えてくれたのが、世界で3000万部、日本でも200万部を超えるベストセラーになっている『7つの習慣』（スティーブン・R・コヴィー著）です。

その当時、私はビジネスを立ち上げたばかりで、多くのビジネス書を読んでいました。

宣伝方法や資金繰りなどのテクニックを教えてくれる本は数多くあったのですが、生き方を教えてくれた本は、『7つの習慣』だけでした。

いつも、本を読むときには、あとからチェックするために、大事なことが書かれているページを折っているのですが、『7つの習慣』を初めて読み終えたときには、ほとんどのページが折ってあったので、自分でも驚きました。

その後、仕事やプライベートで悩んだときには、この本を必ず読み直しています。

『7つの習慣』は、ビジネスだけでなく、私に家族やプライベートでの幸せの道筋を教えてくれました。おかげで、ビジネスだけでなく、幸せな家庭、充実したプライベートを何とか手に入れることができています。

『7つの習慣』を本当に理解して、自分のものにするためには、繰り返し読むことが必要だと思います。

しかし、私の会社の社員に薦めたときもそうでしたが、あの厚い本を繰り返し読むのは大変だと思う人も多いと思います。

この『物語が教えてくれる 7つの習慣』は、そのような人にも、『7つの習慣』を繰り返し読んで、身につけてほしいと思って書きました。

1つの言葉とエピソードを繰り返し読むことで、『7つの習慣』のポイントが身につくようになっています。そして、物語ごとに添えられた写真、さなぎから飛び立つ蝶から始まり、子どもたちの笑い、作物の収穫……というように続く写真も、あなたの学びを助けてくれます。

この本を繰り返し読んでいただくことで、確実に自分自身を成長させることができます。そして、人生を大きく変える気づきを得ることができます。

さらに、あなたの周りにいる人たちの人生を幸せにするきっかけを与えることもできるはずです。ぜひ、会社のスタッフやご家族など、大切な人にプレゼントしてもらえると、うれしいです。

中山　和義

この本の最も効果的な
読み方・使い方

この本には、『７つの習慣』を学んでもらうために、31のメッセージと物語が書かれています。

まず、そのメッセージと物語を読んでいただいてから、『７つの習慣』に書かれているコヴィー博士の言葉をあらためて読んでいただくことで、『７つの習慣』の理解を深めることができます。

そして、**習慣を身につけるには、毎日の繰り返しが大切**です。

『７つの習慣』を身につけるために、一度、通して読んでいただいたあと、１カ月間、もう一度、この本の言葉と物語を毎日１つずつ読んでみてください。その月の１日にはDAY1、２日にはDAY2、３日はDAY3……と、日めくりカレンダーのように、毎日１つずつメッセージと物語を読んでいただくことで、『７つの習慣』を少しずつ自分のものにすることができます。

さらに毎月、このような読み方を繰り返してもらえれば、『７つの習慣』を身につける大きな助けになるはずです。

『完訳 7つの習慣』
スティーブン・R・コヴィー 著／
フランクリン・コヴィー・ジャパン 訳／
キングベアー出版

CONTENTS

目次

Day 5

026

もしも将来、欲しい結果を得たいのならば、
今、そのために犠牲にしなければいけないことを明確にしよう。
代償を先に払わなければ、成果を得ることもできない。
[練習が与えてくれたこと]

DAY 6

030

どんなに悔やんでも、過去は変えられない。
できることは、変えられない過去を認めて、
今日、できることに集中することだけだ。
[農業を選んだ本当のわけ]

DAY 7

034

その場にいない人に対して、どのような態度を取るのか？
その態度を見れば、その人の人間性がわかる。
その場にいない人に対しては、悪くいわないことだ。
[悪口をいわれても]

DAY 8

038

誰かと意見がわかれたときには、自分だけではなく、
相手も満足できる意見を見つけよう。
それができなければ、結局は自分も傷つくことになる。
[父親に反対された結婚]

Day 9

042

どんなに能力がある人でも、
明日の天気をコントロールすることはできない。
しかし、自分のことならば、誰でも自由にできる。
[課長が仕事をやらせてくれない理由]

046

どんな出来事も、あなたを傷つけることはできない。
汚い贈り物でも、受け取らなければ汚れることはない。
出来事をどのように受け取るかを決めるのは、自分自身だ。
[事故が教えてくれたこと]

Day 11

相手に気持ちを伝えるのに、着飾った言葉は必要ない。
相手を思う気持ちがあれば、必ず態度で伝わる。
伝えたいのは言葉ではなくて、気持ちなのだ。
[必死に考えた答え]

DAY 12

誰かに頼みごとをするときには、心から信頼しよう。
そうすれば、最高の力を発揮してくれるだろう。
信頼には、人を動かす大きな力がある。
[もう一度、失敗できないわけ]

Day 13

もしも、起きてしまったことで悩んでいるのなら、
その答えは、自分自身の中にある。
問題の答えが、自分の外にあると考えてはいけない。
[引きこもった息子へ]

DAY 14

間違いを犯すことは誰にでもある。
しかし、間違いを認めることができる人は少ない。
間違いを認めることができないから、大きな問題になるのだ。
[ビジネスモデルの失敗]

DAY 15

これだけしかないと思えば、争いになるだろう。
どんなものでも、十分にある。
そう考えれば、お互いに豊かになれるだろう。
[カンボジアの子どもたち]

DAY 16

間違った努力を繰り返しても、成果は生まれない。
せっかくの努力を無駄にしないために、
努力の方向が正しいことを常に確認しよう。
[間違っていた努力]

DAY 23

098

診断をしないで、薬を出すお医者さんはいない。
状況がわからなければ、正しい対処ができないからだ。
適切な行動を取るために、まずは相手を理解しよう。
[部下の事情とは]

Day 24

102

自分をもっと成長させたいのなら、
自分とは違うものを持っている人とつき合ってみよう。
その人が与えてくれる影響は思った以上に大きいはずだ。
[川の清掃が教えてくれたこと]

Day 25

106

お互いのために、持っている期待を明確にしよう。
自分が思っているだけでは、相手には伝わらない。
相手の期待がわからなければ、応えることもできない。
[本当に求めていること]

DAY 26

110

想像できないことを達成することはできない。
まず、自分が欲しいものを手に入れている姿を想像しよう。
明確に想像すればするほど、実現が近づいてくる。
[夢を叶えるために続けたこと]

Day 27

114

本当に大切なものを犠牲にしてしまったら、
どんな成功も虚しいだけだ。自分にとって、
何よりも大切なものを見失ってはいけない。
[誰もお見舞いに来てくれない病室]

DAY 28

118

自分に起こった出来事が人生を決めるのではない。
その出来事にどのように対応したのかが、
自分の人生を決めるのだ。
[差別との闘い方]

Day 1

1/31 にち目

毛虫が蝶になるような
大きな変身を遂げたいのならば、
これまでの自分を
捨てることが必要だ。
生まれ変わるつもりで、
価値観を見つめ直してみよう。

7つの習慣の言葉

「大きな変化、劇的な変化を望むのなら、
土台となるパラダイムを変えなくてはならない」

（「インサイド・アウト」P.26）

母親からの卒業

ある女性は、１人娘だったこともあり、母親から大切に育てられました。しかし、その一方で、彼女の行動が制限されてしまうことも数多くありました。

やりたいと思ったことでも、母親が少しでも不安に思うことは強く止められてきました。

その状況は、彼女が成長しても少しも変わりません。大学生のときには、映画を見て、海外の文化に興味を持った彼女が、

「夏休みに、１週間、イギリスの家庭にホームステイをしてみたい」

と母親に相談をしてみたのですが、

「とんでもない。
あなたには無理。危ないからやめておきなさい」

と、聞く耳を持ってくれませんでした。

就職も本当は、東京の会社で働きたかったのですが、地元の会社で働いてほしいという母親の要望を断ることができません。

彼女は反対されるたびに、不満には思うのですが、結局は、母親のいう通りにしてきました。

「お母さんに心配をかけるぐらいなら、
私が我慢をすればいい」

と、いつも彼女は自分自身を納得させてきました。

しかし、このような彼女を悩ませることが起こります。

友人の紹介で、長年、交際をしていた男性から、

「今度、ドイツに転勤になる。結婚して一緒について来てほしい」

とプロポーズされたからです。このことを母親に話すと、予想していた通りに、

「そんなことをいう人と結婚しても幸せになれない。やめておきなさい」

と反対されました。彼女は、今度も母親のために断ろうと思うのですが、なぜか、涙が止まりません。

そして彼に、結婚はしたいけれども、母親を悲しませたくないという正直な気持ちを話します。その後、彼女は彼の応援もあって、

「お母さんには、感謝している。でも、私は彼と自分のための人生を生きます。ごめんなさい」

と、母親に自分の気持ちを初めて、伝えることができました。

彼女のように、自分を縛っている価値観を変えるためには、それに気づくことが必要です。

顔や体格が違うように、何が大切かという価値観は人によって違います。そして、人は持っている自分の価値観に従って、人生を過ごしています。

自分を縛ってしまっている価値観に気づいて、それから自由になることができれば、自分の成長を助けてくれる新しい価値観を手に入れることもできます。

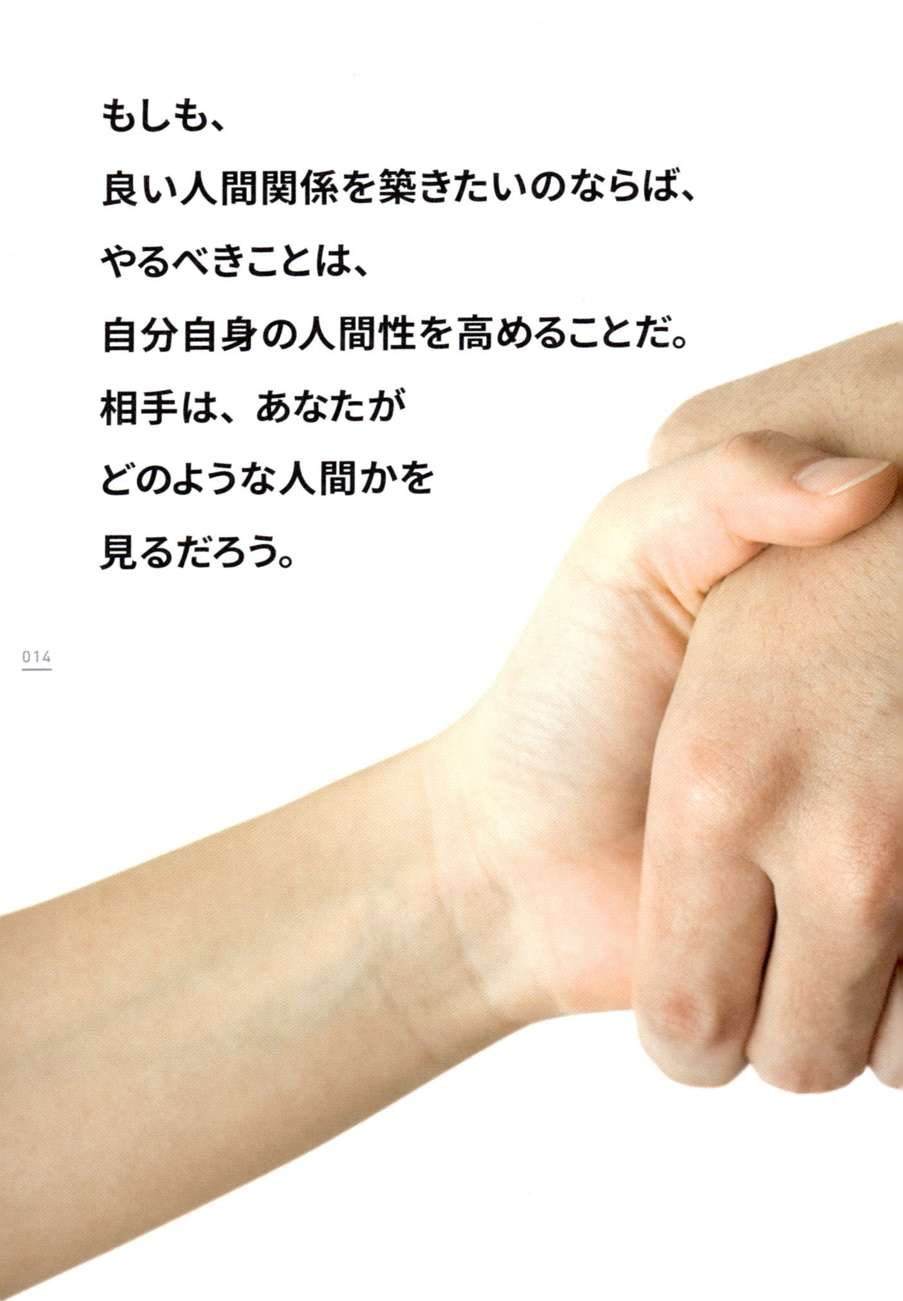

もしも、

良い人間関係を築きたいのならば、

やるべきことは、

自分自身の人間性を高めることだ。

相手は、あなたが

どのような人間かを

見るだろう。

2/31にち目

Day2

7つの習慣の言葉

「人間関係を築くときにもっとも大切なのは、
あなたが何を言うか、どう行動するかではない。
あなたがどういう人間かということだ」

（「相互依存のパラダイム」P.256）

採用を決めたポイント

就職活動で、何度も面接に落ちて、自信を失ってしまった彼は、衝動的に歩道橋から飛び降ります。

幸いなことに、命は助かりましたが、知らせを受けて駆けつけたお母さんは、彼が自殺をしようとしたショックで涙が止まりません。

「こんなことぐらいで死ぬな。
お前の素晴らしさは、わかっているから……」

と泣きながら、何度も彼に話しました。

その後、彼はお母さんの言葉から、就職活動では、自分自身を良く見せようと嘘をいっていたことに気がつきます。これからは、自分に自信を持って正直に生きようと決心をしました。

数カ月後、退院することができた彼は、車いすに乗って、就職活動を再開します。

そして、ある会社の最終選考に残った彼は、ケガをした理由を質問されます。

「自殺をしようとして、飛び降りて、ケガをしました。
でも、今は、母のおかげで立ち直りました」

彼が正直に答えると、面接官が戸惑ったので

「自殺をしようとしたことが採用の問題になるなら、仕方がありません。でも、嘘はつけません」

とつけ加えました。面接官は、彼を諭すように、

「あなたは正直すぎる。そのように正直では、この会社で働くのは難しいと思います。仕事では、会社のために嘘をいう必要があるかもしれません。あなたは、そのような状況のとき、会社のために嘘をいうことができますか？」

と話しました。その言葉を聞いた彼は、

「申しわけありませんが、それは、私にはできません。
自分自身を裏切ることになるからです。
ぜひ、御社で、自分の力を発揮したかったのですが、
残念です」

と話して、頭を下げると、車いすを反転させて、部屋を出ようとしました。

そのとき、席を立った面接官が、彼に近づいて言葉をかけます。

「この会社に入れれば、どんなことでもします、
という人には、多く出会いましたが、面接の
最中に、相手から入社を断られたのは初めてです。
ぜひ、弊社で働いてください。もちろん、
自分自身に正直な仕事をしてくれればいいです」

彼が採用されたのは、彼の人間性に面接官が心を動かされたからです。会社が採用したいと思うような人は、人間関係を結びたいと思う人と同じだと思います。

あなたはどのような人とつき合いたいと思いますか?

人の前で平気で嘘をついてでも、成功したいと考えている人とは関係を強くしたいとは思わないはずです。

7つの習慣の言葉

「社会の求めにただ応じていたら、
心の平和やバランスのよい生活は得られない。
自分にとってもっとも重要な事柄を明らかにし、
それを誠実に実行して初めて得られる」

（「はじめに」P.XXVI）

DAY 3

3/31 にち目

自分を惑わす気持ちに
負けてはいけない。
取り返しがつかなくなる前に
本当に大切なものが何かを、
もう一度、考えよう

友人が思い出させてくれたこと

出版社で働いている男性は、仕事に対して、やる気を失っていました。適当に仕事をしては、毎晩のように飲み歩いています。

「仕事なんて、適当にやっていればいいんだよ。
俺は人生を楽しむんだ」

と、いつも同僚に話していました。

ある日、彼が通っていた高校の同窓会がありました。そこで彼は、仲が良かった友人に再会します。

高校時代の懐かしい話をしたあとに、お互いの近況についての話になりました。友人が、

「本屋で働いているんだ。良い本に出合うと、やっぱり興奮するよ」

と話すのを聞いて、彼は高校時代、本に夢中になっていたことを思い出します。毎日のように、友人とお互いに読んだ本の感想を話し合っていました。

その後、友人から近況を聞かれた彼が、出版社で働いていることを伝えると、

「やっぱり、おまえも本の仕事をしているんだ」

友人がうれしそうに答えたので、彼は仕事が嫌になっているとはいえません。

「やっぱり、本の仕事は楽しいよ」

と思わず、嘘をいってしまいました。

その晩、彼は、久しぶりに友人と一緒に夜遅くまで、本について熱く語ります。

「がんばって、良い本を作ってくれよ」

別れるときに、友人に大声でいわれた彼は、大きくうなずいていました。

その日から、彼の生活が大きく変わりました。彼は必死に仕事をするようになります。休日も、高校時代のように本を読むようになりました。

そして数年後、彼が編集をした本がベストセラーになります。彼が友人の働いている書店に行ってみると、

**『ぜひ、大切な友人に
プレゼントしてください』**

という書店からのコメントと一緒に、その本が数多く積まれていました。

彼は、同窓会のあと、毎日の生活を大きく変えることができました。彼が考えていたように、毎日を楽しく過ごすことができれば満足だと思う人がいます。

しかし、誘惑されるままに楽しいことをしていたら、本当にやりたかったことはできません。

自分にとって、本当に大切なものが何かを考えることが必要です。そして、そのことのために、多くの時間を使うことです。

DAY 4

4/31 にち目

亡くなる瞬間を想像してみよう。
どんな人たちのことを想い、
どんな言葉を伝えたいのだろう。
その想いを
いつも忘れないことだ。

7つの習慣の言葉

「死の床にあって思うのは、家族や愛する者のことである。
人は誰かのために生き、最期はその人たちのことを思うのだ」

（「はじめに」P.XXX）

残してくれたバースデーカード

末期ガンになってしまった女性がホスピスに入院してきます。彼女は、自分に残された時間を使って、家族のためにできることをしようと思っていました。それは、幼い２人の子どもたちに20歳までのバースデーカードを書いてあげることです。

彼女は、子どもたちの写真を見つめながら毎日、バースデーカードを少しずつ丁寧に書いていきました。

「この子が10歳になったら……、
11歳になったらどんな人になっているんだろう……」

と想像しながら１枚ずつ、文章だけではなくて絵を添えながらカードを書きます。

彼女はいろいろなことをイメージしながら一生懸命に書いていましたが、病気のために体がすぐに疲れてしまって、思うようなスピードで書くことはできません。看護師さんにいつも、

「今日は、ここまでの予定だったけどできなかったわ……」

と悔しそうに話していました。その後も彼女はカードを書き続けましたが、残念ながら弟さんのカードは15歳までしか書くことができませんでした。

このことを最後まで気にしていた彼女は、自分のお母さんに、

「交互に書いたんだけど、年の差の分、書けなかった。
書いてあげられなくてごめんね」

と伝えてほしいとお願いをしていました。

それから、数日後、彼女はご主人にバースデーカードを託して、家族に見守られながら、ゆっくりと目を閉じました。亡くなる少し前、彼女は看護師さんに、

「小さい子どもを2人、
残すことは本当に悔やまれるけど、
私の想いは彼らに届いていると思います。
母親がいなくても強く、優しく育ってくれるはずです」

と話していました。

毎年、父親からバースデーカードを受け取った子どもたちは、彼女の思い通りに、立派に育ちました。

彼女は、病気になって、子どもたちに対する強い想いに気がつきました。

人生の最期に、どのような人たちに囲まれて、何を伝えたいかを考えてみてください。自分にとって、本当に大切な存在がわかると思います。

そして、その人たちに対する自分の役割にも気づくと思います。大切な人と一緒に過ごせる時間は永遠ではありません。

\ たいせつ /

Day 5

5/31 にち目

もしも将来、
欲しい結果を得たいのならば、
今、そのために
犠牲にしなければ
いけないことを明確にしよう。
代償を先に払わなければ、
成果を得ることもできない。

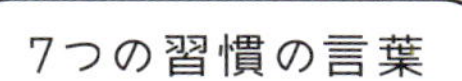

「幸福とは、最終的に欲しい結果を
手に入れるために、今すぐ欲しい結果を
犠牲にすることによって得る果実に他ならない」

（「7つの習慣とは」P.49）

練習が与えてくれたこと

中学2年生の彼女は、テニスのプロ選手になりたくて、練習をがんばっていました。しかし、思うような戦績を出すことができません。

夏の大会で、負けてしまった試合のあと、コーチから、

**「もっと練習時間を増やさないと、
プロになるのは難しいと思う」**

といわれてしまいました。

彼女は、毎週5日間、練習をしていたのですが、それでもプロを目指すのであれば、さらに練習時間が必要だとコーチは考えたのです。

なりたい！

しかし、彼女にとっては、テニスの練習がない2日間だけが、学校の友だちと遊べる日でした。

その日をいつも楽しみにしていた彼女は、簡単に練習する日を増やすことができません。

何日も悩んだ彼女でしたが、それでも、試合に負けたときの悔しさを思い出して、

**「ここまで、テニスを一生懸命にやってきたのだから、
できることは、すべてやろう」**

と、決心をします。

「今週からは、テニスの練習に行くことにしたから、遊べない」

いつも遊んでいた仲間に、つらい思いをしながら話した彼女は、

「そんなことをいわないで、遊ぼうよ」

という友だちの言葉にも、惑わされませんでした。

しかし、毎週のように遊んでいた仲間と離れることは、気持ちでは簡単には割り切れません。仲良く遊びに行く友人たちの姿を見ると、うらやましくなりました。気軽に悩みを相談できる相手を失って、寂しい思いをすることもありました。

それでも、彼女は練習時間を増やしたことで、テニスの実力をドンドンと上げていきます。

そして、中学生の最後の地区大会で優勝をすることができました。

練習の帰りに、彼女は、一緒に遊んでいた友だちが楽しそうに話しながら歩いているのを見たのですが、もう、うらやましいと思うことはありませんでした。

テニスの練習を増やしてよかったと、心から思えるようになっていたからです。

彼女が友だちと遊ぶことを犠牲にして、優勝の成果を得たように、どんなことでも、人よりも成果を出そうと思ったら、何かそのための代償を払う必要があります。

本当に欲しい結果を得たいと思うのなら、今の時間の使い方を見直してみましょう。その結果を得るためになら、今、犠牲にしても良いと思えることがあるかもしれません。

時間は限られています。将来のために、今、代償を払っておきましょう。それ以上のものを手に入れることができるはずです。

DAY 6

6/31 にち目

どんなに悔やんでも、
過去は変えられない。
できることは、
変えられない過去を認めて、
今日、できることに
集中することだけだ。

7つの習慣の言葉

「過去の間違いは影響の
輪の外にあることに気づくことだ」

（「第1の習慣」P.109）

農業を選んだ本当のわけ

ある男性は、父親の仕事を継いだことをとても後悔していました。

彼は、東京の大学を出て上場会社で働いていたのですが、就職をしてから３年後に、父親から実家に戻って農業を手伝ってほしいと頼まれます。

彼は、ちょうど仕事にも慣れてきた頃だったので、どうしようかと迷ったのですが、結局、実家に戻って農業をすることにしました。

しかし、毎日、朝早くから働いても思ったように収益が上がらない農業の仕事が嫌になっていたのです。

「何で、俺がこんなことをしなければいけないんだ」

と、いつも一緒に作業をしている父親に愚痴をいっていました。

そして、東京の会社で働いていた頃のことを思い出しては、

「どうして、辞めてしまったんだろう。残っていれば、きっと楽しい毎日だったのに……」

とため息をついていました。

ある日、東京で一緒に働いていた友人が彼を訪ねて来ました。

「会社を辞めて、農家なんか、やるんじゃなかったよ」

と、さっそく、彼が愚痴をいうと、

「お前が会社を辞めるときに、お父さんの話をしていたよな。だから、がんばっていると思って、会うのを楽しみにしていたのに……」

友人は、残念そうに話しました。

この言葉を聞いて彼は、会社を辞めるときの送別会でのあいさつを思い出します。

「父は、家が貧しかったのに、
無理をして僕を東京の大学に入れてくれました。
そのおかげで、勉強もできたし、
この会社でお世話になることもできました。
だから、これからは、父に恩返しをしたいんです」

あのとき、みんなから大きな拍手をもらったのです。

その後、彼が父親に不満をいうことはなくなりました。

そして、どうすれば収益が上がるのかを必死に考えて、農業を行うようになります。

やがて、地元ブランドの野菜を作って、大きく成果を上げることができました。

過去のことを悔やんでばかりいて、現状に集中することができない人がいます。このような人は、変えられない過去のために、これからの未来を犠牲にしていることに、気づいていないのです。

現実から目を背けて、過去のことを悔やんでばかりいても、何も変えることはできません。本当にやらなければいけないことは、今の環境を変えるために努力をすることだけです。

DAY 7

7/31 にち目

7つの習慣の言葉

「誠実な人間となるもっとも大切なことは、
その場にいない人に対して忠実になる」

（「相互依存のパラダイム」P.270）

その場にいない人に対して、
どのような態度を取るのか？
その態度を見れば、
その人の人間性がわかる。
その場にいない人に対しては、
悪くいわないことだ。

悪口をいわれても

彼は、いつも同僚のBさんに悪口をいわれていました。

あのね…

調子のいいBさんは、忘年会などの飲み会で、彼と一緒にいるときには、

「おまえも最近、がんばっているよな。俺も負けないようにがんばるよ」

と応援している素振りをしています。

しかし、彼が参加をしていない場合には、

「あいつの仕事のやり方は問題あるよな。あれでは、周りが迷惑だよ」

と悪口をいいふらしていました。

ある日、彼は、課長に呼び出されてしまいます。

課長が、彼の悪口をBさんから聞いて、仕事のやり方を確認しようと思ったからでした。

まずは、彼とBさんとの関係を確認しようと思った課長が、

「君は、Bさんのことをどう思っているんだ」

と質問しました。

「そうですね。とても、優秀な人だと思います」

彼が平然と、予想外の感想を話したので、課長は思わず、

「彼が君の悪口をいっているのを知らないのか？　仕事のやり方に問題があるといろいろな人に話しているんだよ」

といってしまいます。すると、彼は微笑みながら、

「そのことは、数人が話してくれたので、
知っています。でも、Bさんが私のことを
どう思っているのかは関係ありません。
私は、Bさんは、優秀な人だと思います」
と答えました。

課長は彼のこの言葉を聞くと、すべてを理解したように、
「よくわかった。
君はこれまで通り、仕事を続けてください。
期待しているよ」
と話しました。

課長さんは、彼の言葉を聞いて、Bさんと彼の人間性の違いがはっきりとわかりました。心配をする必要があるのは、彼ではなくて、Bさんのほうだということにも気がついたと思います。

目の前にいる相手には、気を使う人でも、その場にいない人に対して平気で悪口をいう人がいます。そのような人は、結局は誰からも信頼されません。

本当に信頼される人になりたいのなら、その場にいない人を大切に思うことです。

誰かと意見がわかれたときには、
自分だけではなく、
相手も満足できる意見を見つけよう。
それができなければ、
結局は自分も傷つくことになる。

7つの習慣の言葉

「二人とも勝者でなければ、二人とも敗者なのである」

（「第4の習慣」P.293）

8/31 にち目

父親に反対された結婚

彼女は、アルバイトをしながら画家を目指している男性と交際をしていました。

すぐにでも、彼女は、彼と結婚したかったのですが、お父さんから、強く反対されています。

彼の生活が経済的に安定していないことが大きな理由でした。

何度も、彼と一緒に結婚を許してくれるように頼んだのですが、どうしても、許してくれません。

ある日、彼女は、ついに我慢ができなくなって、お父さんに、

「もう、許してくれなくてもいい。彼と結婚する。
お父さんとは、二度と会わない」

と叫んで、泣きながら家を出てしまいます。

その後、彼女から、

「お父さんのことは、もう気にしないで、結婚しよう」

と聞いた彼でしたが、素直には喜べません。

本当はお父さんにも結婚を一緒に喜んでほしいという彼女の気持ちがわかっていたからです。そして、お父さんを不安にさせてしまう自分の力不足を情けなく思いました。

「結婚できるのは、うれしいけれども、
お父さんにも喜んでもらいたい。
だから、画家としてお父さんに認められるまで、
結婚は待ってくれないか?」

彼は、彼女に伝えると、2人でお父さんに、画家として生活がで

きるようになったら、結婚を許してほしいとお願いに行きました。お父さんも、そのことをしぶしぶと認めてくれました。

数年後、彼女の応援のおかげもあって、彼の絵は多くの人に認められて、個展を開くことになります。

彼は、お父さんにも、その個展の案内状を送りました。

最終日、個展が終了する少し前の時間に、彼女のお父さんが来場します。

彼の描いた絵を見回すと、飾られた絵の多くには、予約済みの札が貼られていました。

お父さんは、彼が娘さんをモデルにした絵を指さすと、

「あの絵を売ってほしい。娘が結婚してしまうと寂しくなってしまうから……」

と伝えました。

彼女が、反対を押し切って彼と結婚していたら、お父さんへの罪悪感を持ち続けることになってしまったと思います。相手の気持ちを傷つけて得た成果は、本当の喜びにはなりません。

もしも、相手が本当に納得をしていなければ、そのときは満足することができても、その反動が、あとから自分に返ってきてしまうことになります。

意見がわかれたとき、お互いに納得をすることができれば、その後の喜びも大きくなります。

どんなに能力がある人でも、
明日の天気をコントロール
することはできない。
しかし、
自分のことならば、
誰でも自由にできる。

「自分の天気には
　自分で影響を及ぼすことができる」

（「第1の習慣」P.108）

9/31 にち目

課長が仕事をやらせてくれない理由

彼は、上司の課長に対して、大きな不満を持っていました。
せっかく、売り上げを伸ばすための新しいアイデアを考えて提案したのに、
「今、これをやるのは、難しいね」
と後ろ向きの答えが返ってきたので、嫌になっていたのです。
「うちの課長は、やる気がなくて、最低だよ。
こんな仕事、やっていられないよ」
同期と飲みに行くたびに、彼は、課長の悪口をいっていました。

あるとき、彼は、課長の上司でもある部長と話す機会ができたので、相談をします。
「課長が許可を出してくれないので、困っています。部長からも、いってもらえませんか？」
すると、その部長からは、
「君の話は、課長から聞いているよ。なかなか面白いアイデアを提案しているみたいだね。彼もほめていたよ」
と、思ってもいなかった言葉が返ってきました。
「どうして、良いアイデアなのに、やらせてくれないのでしょうか？」
疑問に思った男性が、部長に尋ねると、
「それは、アイデアは良くても、
まだ、力が足りないと思われているんじゃないか？」
と、諭すようにいわれてしまいました。

彼は、この言葉を聞いて、課長に対する考え方が変わりました。

何とか、自分の力を認めてもらいたいと考えて、必死に与えられた仕事をするようになります。

それから、数カ月後、彼は課長に呼ばれると、こう伝えられました。

「最近、がんばっているな。
前にいっていた売り上げを伸ばすためのアイデア、
試してみたらどうだ」

どんなに、飲み会で課長の悪口をいっても、状況は変わりません。彼のように、能力があると思っている人ほど、自分の思う通りに何でもできると考えます。

しかし、本当は自分自身で思い通りにできることは、それほど多くはありません。それに気づかないことで、事態が悪い方向に向かってしまうこともあります。

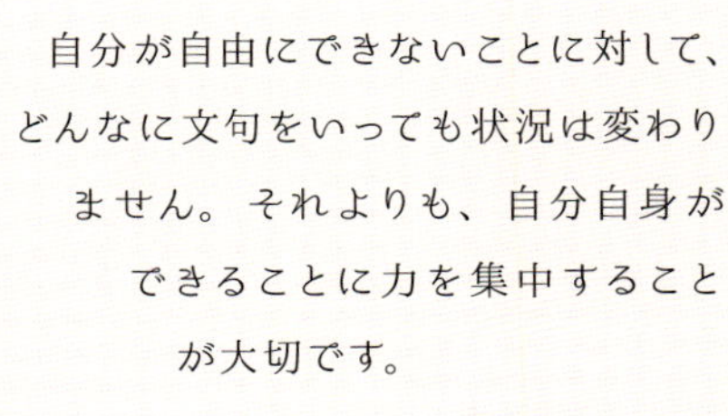

自分が自由にできないことに対して、どんなに文句をいっても状況は変わりません。それよりも、自分自身ができることに力を集中することが大切です。

DAY 10

10/31 にち目

どんな出来事も、
あなたを傷つけることはできない。
汚い贈り物でも、
受け取らなければ汚れることはない。
出来事をどのように
受け取るかを決めるのは、
自分自身だ。

7つの習慣の言葉

「自分の身に起こったことで傷つくのではない。
その出来事に対する自分の反応によって傷つく」

（「第1の習慣」P.84）

事故が教えてくれたこと

彼女は、モデルやテレビ番組のアシスタントとして活躍をしていました。

ところが、ある日、撮影の帰りに乗っていた自動車が事故を起こしてしまいます。

奇跡的に命は助かりましたが、医師から、

「残念ながら、あなたの下半身は、二度と動きません」

といわれてしまいます。

「どうして、
私がこんな目にあわないといけないのよ」

彼女は、事故にあってしまったことを毎日、悔やんでいました。

そして、こんな状態で生きていても仕方がない、と考えるようになってしまいます。

気分転換のために、看護師さんが、車いすで屋上へ連れて行ってくれても、

「このまま、ここから飛び降りて、死んでしまいたい……」

と思っていました。

このような状況を救ってくれたのが、彼女の婚約者です。

「こんな私と結婚しても幸せになれないから、婚約は破棄してほしい」

彼女は、別れるつもりで婚約者に話したのですが、

「とにかく、今はがんばってみよう。
それでもダメなら、僕も一緒に死ぬよ」

彼は、彼女の手を握りながら伝えました。

その後、彼女は彼に励まされながら、つらいリハビリを乗り越えます。

そして、数年後、パラリンピックの選手として活躍をするようになりました。

彼女は、事故にあってから立ち直るまでの経験を講演で、

「モデルとして、
チヤホヤされているときには、
本当の人の優しさに気づきませんでした。
事故にあう前の私よりも、今の私のほうが幸せです」

と話しています。

もしも、彼女が交通事故にあったことを悔やみ続けていたら、どうだったのでしょうか？　一生の間、その感情に支配されてしまっていたら、人生を無駄にしてしまったと思います。

人生では、立ち直れないような出来事にあってしまうこともあります。どうして、私がこんな目にあわないといけないのだろうと悩むこともあると思います。

しかし、本当は、その出来事があなたを傷つけているのではありません。その出来事の受け止め方が、あなたの悩みの原因となっているのです。

郵 便 は が き

料金受取人払郵便

牛込局承認

1022

差出有効期限
平成29年 5 月
31日まで

1 6 2-8 7 9 0

東京都新宿区揚場町2-18
白宝ビル5F

フォレスト出版株式会社
愛読者カード係

<table>
<tr><td>フリガナ
お名前</td><td>年齢　　　歳
性別（ 男・女 ）</td></tr>
<tr><td colspan="2">ご住所　〒

☎　（　　　）　　　FAX　（　　　）</td></tr>
<tr><td>ご職業</td><td>役職</td></tr>
<tr><td colspan="2">ご勤務先または学校名</td></tr>
<tr><td colspan="2">Eメールアドレス

メールによる新刊案内をお送り致します。ご希望されない場合は空欄のままで結構です。</td></tr>
</table>

フォレスト出版　愛読者カード

ご購読ありがとうございます。今後の出版物の資料とさせていただきますので、下記の設問にお答えください。ご協力をお願い申し上げます。

●ご購入図書名　「　　　　　　　　　　　　　　」

●お買い上げ書店名「　　　　　　　　　　　　」書店

●お買い求めの動機は？

1．著者が好きだから　　2．タイトルが気に入って

3．装丁がよかったから　　4．人にすすめられて

5．新聞・雑誌の広告で（掲載紙誌名　　　　　　　）

6．その他（　　　　　　　　　　　　　　）

●本書についてのご意見・ご感想をお聞かせください。

●ご意見・ご感想を広告等に掲載させていただいてもよろしいでしょうか？

□YES　　□NO　　□匿名であればYES

相手に気持ちを伝えるのに、
着飾った言葉は必要ない。
相手を思う気持ちがあれば、
必ず態度で伝わる。
伝えたいのは言葉ではなくて、
気持ちなのだ。

Day 11

11/31 にち目

7つの習慣の言葉

「相手の身になって共感するのに、言葉など要らないこともある。
むしろ言葉が邪魔になることさえある」

（「第5の習慣」P.366）

必死に考えた答え

彼の自宅に、長年つき合っている彼女が何の連絡もなしにやって来ました。

驚いて、その理由を尋ねると、彼女は、

**「急に、両親から、離婚をするといわれて、
どうしていいかわからない……」**

と打ち明けます。

彼が、動揺している彼女に、詳しい状況を聞かせてほしいと頼むと、両親が離婚をすることになった理由や現状について話し始めました。

彼女は、母親が父親の浮気に耐えられなくなって、離婚を決心したことを彼に話します。さらに、母親から、

「お父さんとお母さんは離婚をして、別々に暮らすことになるの。あなたは、どちらか、一緒に暮らしたいほうを選びなさい」

といわれて、悩んでいることを相談しました。

「大変なことになったね」

彼が、同情を示すと、感情を抑えきれなくなった彼女は、

**「お母さんもお父さんも大好きだから、
どちらも選べない。私は、どうしたらいいの?」**

と泣き出してしまいました。

その様子を目の前にした彼は、彼女のために、何かいってあげたいと必死に考えましたが、何も思い浮かびません。思わず、両手でしっかりと彼女を抱きしめます。

それから、数分後、落ち着きを取り戻した彼女がゆっくりと彼から離れました。

そして、心配そうに、彼女を見つめる彼に、

「ありがとう。これからのことは、
ゆっくり、自分で考えてみる。大丈夫だから……」

と話しました。

彼は、何も言葉をかけることができませんでしたが、彼女の不安を受け止めてあげることができました。

相手の気持ちを受け止めてあげるのに、言葉は必要ありません。大切なのは、相手がどのような気持ちで話しているのかを考えて、その気持ちを理解したことを態度で示してあげることです。

多くの人が本当に求めているのは、悩みを解決する方法を教えてもらうことではありません。悩みを理解してもらうことです。

DAY 12

12/31 にち目

誰かに頼みごとをするときには、
心から信頼しよう。
そうすれば、
最高の力を発揮してくれるだろう。
信頼には、人を動かす大きな力がある。

7つの習慣の言葉

「信頼ほど人にやる気を起こさせるものはない。
信頼されていると思えば、人は自分の最高の力を発揮する」

（「第3の習慣」P.243）

So sollte die
Cache
Read/Write
Write
Read
1052
1474
1316
1973
1246
1049
1477
1326
2079
1296
1891
1819
CERTIFICATE OF BALANCE
To: TARO KOKUSAI
TOTAL JPY 3,500,000 ※
Atom N270
Core Duo T2500 @ 2.0GHz
Core Duo T2500 @ 1.0GHz
Athlon X2 BE-2350 @ 2.1GHz
Athlon X2 BE-2350 @ 1.0GHz
326.26
392.64
300
350
400
450

もう一度、失敗できないわけ

彼女は、新サービスの契約をもらうために、取引先に対してプレゼンを行いました。

しかし、彼女が考えていたよりも参加者が多く、緊張してしまって、上手くできません。

途中から、同席していた先輩の社員がフォローをしてくれたのですが、結局、契約はもらえませんでした。

その後、2人は上司の課長に、残念ながら契約が取れなかったことを報告します。

「すみませんでした。
契約が取れなかったのは、私の責任です」

彼女は、緊張して上手くプレゼンができなかったことをあやまりました。

その後、これからの対策を3人で話し合った結果、もう一度、新しい内容を加えたプレゼンを取引先にお願いすることになります。

彼女は、今度こそは失敗をしないようにやろうと思ったのですが、課長が先輩に、

「今度は、彼女ではなく、
最初から君がプレゼンをしたほうがいい」

と提案をしました。彼女は、じっと唇を噛んだまま、何もいい返すことができません。

今日のプレゼンの内容では、何をいわれても仕方がないと思ったからです。そのとき、先輩が、

「課長、今日のプレゼンは失敗だったと、
私も思います。
でも、もう一度、彼女に任せてあげてください。
絶対に上手くいくと思います」
とお願いしました。

その後、課長はすぐに了解をしませんでしたが、先輩が、責任は私が取りますと、何度も頼んだ結果、もう一度、彼女がプレゼンを行うことになりました。

２回目のプレゼンのとき、今回の彼女は、前回よりも人が多かったのに、緊張しません。

それは、何度も練習をした成果だけではありません。

自分を信頼してくれた先輩を裏切りたくない。何としても、契約してほしいという気持ちが彼女に力を与えてくれていました。

「ぜひ、このサービスを導入したい」

担当者にいわれた彼女は、思わず先輩の手を握ると、飛び上がって喜びました。

もしも、誰かに頼みごとをするときには、この先輩のように、相手を心から信頼することです。心から信頼することで、その気持ちが伝わって、持っている以上の能力を発揮してくれます。

信頼してくれた人の期待に応えたい、という気持ちが大きな助けになるのです。

Day 13

13/31 にち目

もしも、起きてしまったことで
悩んでいるのなら、
その答えは、自分自身の中にある。
問題の答えが、自分の外にあると
考えてはいけない。

7つの習慣の言葉

「問題は自分の外にあると考えるならば、
その考えこそが問題である」

（「第1の習慣」P.106）

引きこもった息子へ

ある父親は、中学生の息子さんが学校に行かないことを悩んでいました。

学校をさぼって、公園のベンチに１人で座っているのを見つけて、

「何をやっているんだ。学校はどうしたんだ」

と怒って、無理やりに学校に連れて行ったこともあったのですが、状況は変わりません。

それどころか、その後、息子さんは家の外にも出ることができなくなってしまいます。

自分の部屋に閉じこもって、学校を休むのが当たり前になってしまいました。

彼は、原因が知りたくて、妻に、

「どうして、あんなふうになってしまったんだ」

と聞いたのですが、彼女は、黙ってうつむいているだけでした。

もしかしたら、学校に原因があるのではないかと考えて、担任の先生にも相談をしたのですが、

「学校では何の問題もありませんでした。ご家庭のほうで何か思い当たる理由はありませんか？」

と反対に質問されてしまいました。

どうすることもできなくなった彼は、息子さんに手紙を書くことにします。

『もしかしたら、私に原因があって、
おまえのことを傷つけたかもしれない。

それでも、これだけはわかってほしい。
おまえのことが本当に心配なんだ。
力になってあげたいんだ。
もう、無理に学校へ行けとはいわないから、
とにかく話をしよう』
と書いて、息子さんの机の上に置いておきました。

次の日、父親が朝食を食べていると息子さんが部屋から出てきます。

そして、思いつめたように、
「お父さん、聞いてもらいたいことがあるんだ」
と話しかけてきました。

自分の周りに問題が起きてしまっているときには、父親が手紙に書いたように、何か自分にも原因があるかもしれない、と考えてみることです。

何で、私がこんな問題に巻き込まれないといけないんだ、という気持ちが強くなってしまうと、自分の力で問題を解決することが難しくなってしまいます。

必要なのは、その原因が自分自身にもあると考えて、自分ができる行動をすることです。

DAY 14

14/31 にち目

間違いを犯すことは誰にでもある。
しかし、間違いを
認めることができる人は少ない。
間違いを認めることができないから、
大きな問題になるのだ。

7つの習慣の言葉

「間違いを犯すのは問題だが、
間違いを認めないのはそれ以上の問題である」

(「相互依存のパラダイム」P.276)

ビジネスモデルの失敗

ある男性が、新しいビジネスモデルを思いついて独立をすることにしました。

会社の上司は、そのやり方では上手くいかないと、会社に残って仕事を続けるように説得したのですが、止めることはできません。

「本当に会社を辞めても、大丈夫なの？」

彼の妻は、子どもが幼かったこともあって、とても心配しましたが、彼は、

「絶対に大丈夫だ。徹底的に調査をしたから自信がある。必ず注目されるから心配ないよ」

と自信を持って答えていました。そして、これまでに貯金をしてきた300万円を元手に独立をします。

その後、彼が考えていたように、新しいビジネスモデルは話題にはなったのですが、コストがかかりすぎてしまって、思ったように利益が上がりません。１年後には、元手の貯金がなくなってしまいました。

そこで、彼は銀行に融資を頼むのですが、どこも貸してくれるところはありません。誰が見ても、このまま続けたら、赤字が増えて倒産する、ということが明らかだったからです。

それでも、彼は自分のビジネスモデルが間違いだとは認められません。

「会社を辞めてまで、独立したんです。妻にも約束をしたんです。何とか、融資をお願いします」

と必死に銀行を回っていました。

ある日、彼は妻に１枚の書類を見せます。その書類はサラ金からの借り入れ申込書でした。保証人の欄に名前を書いてほしいと頼まれた妻は、
「もう、無理だよ。家族を犠牲にするようなことはしないで……」
と泣きながら、訴えました。
その後、彼は、ようやく事業をあきらめて清算することにします。

「これまでの努力が全部、無駄になってしまうんだよ。俺は、どうすればいいんだよ」

という彼に、妻が何度も、
「無駄じゃない。必ず役に立つときがくるからやり直そう」
と、説得をした結果でした。

彼のように、自分の行動が間違っていると素直に認めるのは、思っている以上に難しいものです。これまでの努力が無駄になってしまうことや周りの目も気になるからです。

それでも、間違いを犯したかもしれないと思ったときには、それまでの行動や自分のプライドにはこだわらずに、そのことを認めて、行動を変えましょう。

間違いを犯すことは誰にでもあります。問題になるのは、その間違いを素直に認められないときです。間違いを素直に認めることができれば、新たな道も開かれます。

DAY 15

15/31 にち目

これだけしかないと思えば、
争いになるだろう。
どんなものでも、十分にある。
そう考えれば、
お互いに豊かになれるだろう。

7つの習慣の言葉

「この世にはすべての人に
行きわたるだけのものがたっぷりある」

（「第4の習慣」P.310）

カンボジアの子どもたち

貧しい子どもたちが多く通っているカンボジアの学校では、お腹を空かせているために、勉強に集中できない子どもが少なくありません。

そこで、学校では、お腹を満たしてから勉強をしてもらおうと、１時間目が始まる前に、給食を配給していました。

給食といっても、わずかなご飯にスープをかけたものです。

それでも、お腹を空かせた子どもたちはうれしそうに食べていました。

ある日、この学校に寄付をしていた日本人の男性が視察に訪れます。

彼は、子どもたちが給食を食べている姿を見て、喜んでいましたが、給食に手をつけないで、みんなの姿をじっと眺めている女の子が気になりました。

彼女は、ほかの子が立ち上がる頃になると、そっとビニール袋を取り出して、その中に、自分の給食を入れ始めました。彼が不思議に思って校長先生に、

「どうして、彼女は給食を食べないのですか？」

と尋ねると、

「彼女は、病気で働けない母親と２人の姉妹のために、給食を家に持って帰って一緒に食べます。だから、1時間目は欠席です」

と、その理由を答えてくれました。

彼は、お腹を空かせているのに、家族のために給食を持って帰る彼女に感心しました。

その後、さらに、彼は、彼女の周りに座っていた子どもたちに心を打たれます。

子どもたちが自分の給食を残しておいて、それを順番に彼女のビニール袋に入れてあげていたからです。彼は、その様子を見て、校長先生に話しました。

**「私は恵まれた状況だから、
寄付をすることができているんです。
でも、この子どもたちは、自分自身が厳しい
状況なのに、喜んで友人にわけてあげています。
本当に素晴らしい子どもたちですね」**

彼は、子どもたちに本当に相手につくすということは、どういうことなのかを教えてもらいました。自分が欲しいものを人にあげて、喜べる人もいれば、他人のものを奪ってでも幸せになりたいと思う人もいます。

その違いは、自分だけが幸せになろうと考えるか、みんなで幸せになろうと考えるかです。美味しいものは、みんなで食べたほうがより美味しいのです。幸せも同じだと思います。

DAY 16

16/31 にち目

間違った努力を繰り返しても、

成果は生まれない。

せっかくの努力を無駄にしないために、

努力の方向が正しいことを

常に確認しよう。

7つの習慣の言葉

「個人の効果性は単に努力の量だけで決まるのではない。
その努力が正しいジャングルで行われていなければ、
生き延びることさえおぼつかなくなる」

（「第2の習慣」P.124）

間違っていた努力

動産会社に入社した男性は、新人の指導をしてくれた上司から、

「不動産の営業は足で稼ぐんだ。
１軒でも多くの家を訪問すれば、必ず成果が上がる」

と教わります。そこで、彼は毎日、数多くの家を訪問しては、

「不動産のご紹介をさせていただいています。少し、お時間をいただけませんか？」

と一生懸命に営業をしていました。

しかし、彼の営業成績は良くありませんでした。どちらかというと気が弱い彼は、初対面の人に、上手く物件を説明できなかったからです。

それでも、何とかして、成績を上げたいと思った彼は、訪問する家の数を増やすことにします。

朝から晩まで、食事をする時間も惜しんで、家を回りましたが、営業成績は思ったように上がりません。やがて、体調を崩してしまって、会社をしばらく休むことになってしまいました。

自宅で静養をしていた彼は、久しぶりに、父親とゆっくりと話をすることができます。

「訪問セールスの仕事を
良くがんばっていると思っていた。
会社の方針もあると思って、黙っていたけれども、
おまえには、このやり方は向いていない。

今の仕事を続けるのなら、もっと、自分ができる方法を考えたほうがいい」

父親からアドバイスをもらった彼は、仕事のやり方について、じっくりと考えます。

やがて、会社に復帰した彼は、これまでのように、やみ雲に訪問することはしません。休んでいたときに考えていた自分にできる方法を実践することにしたからです。それは、すでに物件を購入してくれたお客さんのフォローをしっかりとすることで、新しいお客さんを紹介してもらうことでした。

この方法は、気の弱い彼にも向いていました。細かいところに気づく、彼のアフターフォローが好評で、紹介してくれる人が、徐々に増えていきます。

その結果、知らない家を訪問する必要は、まったくなくなってしまいました。

かくにん！

仕事の結果が出ないときには、「もっと、がんばらないから、上手くいかないんだ」と思ってしまうかもしれません。しかし、結果が出ない原因を努力不足だと考えてしまうと、彼のように病気にならなくても、疲れが残ってしまうために、その努力に見合った成果が出せなくなります。

もしも望むような結果を得られていないのなら、立ち止まって、その努力が正しいのかを見つめ直してください。体を壊してしまってからでは、手遅れになってしまうこともあるのです。

本当にやりたいことの
邪魔をしているのは、
やりたくないことではない。
やっても良いと思うことが、
本当にやりたいことの時間を
奪っているのだ。

DAY 17

17/31 にち目

7つの習慣の言葉

「緊急な用事が『良い』ものであっても、
それを端から受け入れていたら、
あなたにとって『最良』のものに手が回らなくなる」

（「第3の習慣」P.209）

パパと男の子との約束

ある男性には、幼い男の子がいたのですが、一緒に遊んであげる時間が取れません。

仕事が休みの日にも、ボランティア活動を頼まれることが多くて、時間がなくなってしまうのです。

「パパは、どうして、
会社がお休みの日にも、遊んでくれないの？」

と、男の子が聞いてくることがあるのですが、

「パパは、休みの日にも、ボランティアで、
困っている人たちのために、がんばっているんだよ」

と、答えていました。

そして、夏休み最後の日曜日、この日は、子どもと動物園に遊びに行く約束をしていました。

男の子は、何日も前から、

「パパと一緒に動物園に行って、ライオンバスに乗るんだ」

と楽しみにしています。彼も久しぶりに、子どもとの時間がゆっくり取れることをうれしく思っていました。

しかし、予定されていたボランティア活動が雨で中止になって、男の子と約束をしていた日に順延されることになります。ボランティア活動の仲間からかかってきた電話を切った彼は、

「ごめんな。ボランティアの用事が入って、
動物園に行けなくなった。また、今度、一緒に行こう」

と、男の子に伝えました。そのとき、普段なら、おとなしく、い

うことを聞く男の子が、

「パパは、ボランティアと僕のどちらが大切なの？」

と叫びました。両手を強く握りしめて、目を真っ赤にして、彼を見つめています。

その様子を見て、彼は子どもがずっと我慢をしていたことに気がつきました。

そして、自分自身も本当は子どもと遊びたいのに無理をしていたことがわかりました。

「もちろん、おまえのほうが大切だよ。
だから、明日は動物園に行こう」

男の子をしっかりと抱きしめて、答えました。

自分が無駄だと感じていることをやめたり、断ったりするのは簡単です。しかし、時間があったらやっても良いと感じていることを断るのは難しいのです。

本当にやりたいことの時間を奪っているのは、無駄な活動だけではありません。やっても良いと思っていることに時間が奪われてしまっていないかどうか、もう一度、自分の時間の使い方を見つめ直してみましょう。

Day 18

18/31 にち目

目的を達成したいのならば、
まずは、進むべき道を教えてくれる
正しい地図を持つことだ。
道が決まれば、
そのための行動も生まれる。

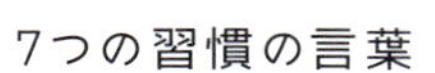

「正しい地図は、個人の効果性、
人間関係の効果性に計り知れない影響を与える」

（「インサイド・アウト」P.32）

1
日比谷通り
Hibiya dori
海通り
arumi dori
30
409
比谷通り
iya dori

おばあちゃんの笑顔のために

地方の高校を卒業した彼女は、上京して、あるメーカーに就職をしました。しかし、メーカーでの事務の仕事に、馴染むことができなくて、すぐに辞めてしまいます。

その後、彼女は新宿のキャバクラで、毎晩、ホステスとして働くようになりました。

ある日、お店で、隣に座っているお客さんの肩をもんであげていたときのことです。

「肩をもむのが、すごく上手いね。何かやっていたの？」

と聞かれた彼女は、一緒に暮らしていたおばあちゃんの肩をもんであげていたことを思い出します。まだ、幼稚園の頃、

「本当に、いつもありがとうね。
おばあちゃんは幸せだよ」

と、おばあちゃんが笑顔でいってくれるのがうれしくて、小さな手で一生懸命に肩をもんであげていました。

「ホステスを辞めて、マッサージの仕事をしたほうがいいよ」

お客さんにいわれた彼女は、この出来事がきっかけとなって、少しずつ新しい道を歩き始めます。

１人暮らしだったので、生活のために、すぐにはホステスを辞められませんでしたが、働く時間を短くしてもらって、マッサージの資格を得るための学校に通いました。そして、資格を取ったあとは、学校が紹介してくれたマッサージ店で働き始めます。

彼女は、おばあちゃんに喜んでもらったことを思い出しながら、

熱心に働きました。

「どうすれば、
もっと、肩や腰を楽にしてあげられるのだろう?」

そのことばかり考えていた彼女は、専門書を読んだり、話題になっているマッサージを体験したりして、持っている技術を高めていきました。

それから数年後、彼女は、独立して自分自身のお店をオープンさせます。

最初は、集客に苦労しましたが、すぐに、心を込めた接客や技術が口コミで伝わって、たくさんのお客さんが来てくれるようになりました。

「どこか、つらいところはありませんか?
どんなことでも相談してくださいね」

彼女が優しく声をかけてくれるお店には、とくに高齢者の方が数多く来店しています。

彼女は、お客さんの言葉で、おばあちゃんのことを思い出して、自分の進む方向がわかりました。そして、そのために必要なことを確実に行って、目的を実現させます。

まずは、自分が達成したいことを明確に想像してみましょう。明確に想像すれば、するほど、自分自身がやらなければいけないことが、はっきりとするはずです。

あとは、それを信じて行動するだけです。

空気がなければ、人は生きられない。
同じように、人は孤独にも耐えられない。
大切な人に、あなたを必要としている
気持ちを伝えよう。

19/31 にち目

7つの習慣の言葉

「誰しも心理的な空気を必要としている。
この大きな欲求こそが、人と人とのあらゆる
コミュニケーションで大きな鍵を握っている」

（「第5の習慣」P.347）

本当の悩み

ある女性が、心理カウンセラーに、

「最近、子どもに手がかからなくなったこともあって、何のために私は生きているんだろう。私の人生はこれでよかったのか？　と悩んで、眠れないんです」

と相談をしました。カウンセラーが詳しい話を聞いたのですが、彼女は、25年間、専業主婦として、家族のために一生懸命に働いてきました。お子さんも立派に成人して、大きな悩みがあるようにも思えません。

それでも、何か原因があるはずだと思ったカウンセラーは、

「ご主人とは、上手くいっているのですか？」

と質問をしてみました。すると、彼女は、しばらく考えてから、

「最近､ゆっくりと話をしていないので……。私にはわかりません」

と目を伏せながら答えました。

カウンセラーは、彼女の様子を見て、問題の原因がご主人にあることに気がつきます。

そこで、彼女のつき添いで来ていたご主人に、カウンセラールームの中に入ってもらいました。そして、彼女の隣に座ってもらうと、

「ご主人は、奥さんのことをどう思っているんですか？」

と、質問をします。

「家事をしっかりとやってくれていると思います」

ご主人が、彼女を気にして、照れくさそうに答えたので、再度、カウンセラーが、強い口調で、
「そういうことではなくて、あなたは、彼女のことをどう思っているんですか？」
彼の顔を見つめながら聞き直しました。彼は、やっと、カウンセラーが求めていることがわかります。そして、真剣な表情になって答えます。

「彼女のことは、とても愛しています。
私にとって、本当に大切な人です」
その言葉をご主人の隣で聞いていた彼女は、
「何年も前から、ずっと、不安だったんです。
今でも、私を好きでいてくれているのか……」
と、涙を流しながら話しました。

彼女のように、家族と一緒に暮らしている人でも、長い間、愛されているという実感を得ることができなければ、精神的に大きな不安や孤独を感じてしまいます。
たとえ1人でも、本当に自分のことを必要としてくれる人がいる。そして、その人がその気持ちを伝えてくれれば、前向きに生きる力を得ることができます。
大切な人に、その思いを伝えていきましょう。

DAY 20

20/31 にち目

誰かに反抗されて困っているのなら、
解決のために、相手にできることを
無条件で行ってみよう。
自分を変えずに、
相手を変えることはできない。

7つの習慣の言葉

「反抗は、頭で起こした問題ではなく心で起こした問題である。
心の問題を解決する鍵は、無条件の愛を預け入れ続けることである」

（「相互依存のパラダイム」P.277）

左遷されてきた部下

ある銀行の課長さんは、新しく配属された男性のことで悩んでいました。

彼は、出世競争に敗れたことが原因で左遷されて、この課に配属になったこともあって、やる気がありません。

さらに、課長さんに対しても、バカにしたような態度を取ります。

「説明の仕方が悪いので、やり方がわかりません。わかるようにいってください」

と文句をいって、指示に従わないこともありました。

このような態度なので、ほかのスタッフも、しだいに彼との距離を置くようになります。

ある日、課長さんは、彼が１人、肩を落として、寂しそうに昼食を食べているのを見つけました。

日頃から、出世競争の厳しさを感じていた課長さんは、もしかしたら、私も彼と同じような境遇になることもあるかもしれないと感じて、彼のことを、とても他人事だと思えなくなりました。

そのときから、課長さんは彼に接する態度を変えていきます。彼が１人で、昼食に行こうとしているときには、積極的に一緒に行かないかと声をかけました。仕事の帰りには、相談したいことがあるといって、飲みに誘うこともありました。

そのような課長さんの態度に、彼もだんだんと心を開いていきます。徐々に、仕事に対する態度や周りのスタッフとの関係も改善していきました。

そして、この年の忘年会、今年の反省をスタッフが順番に発表することになります。

課長さんの隣で酔っ払っていた彼は、立ち上がると、

「この課には、左遷されてきました。
仕事なんて、どうでもいいと思っていました。
でも、この課長さんのためなら、必死にがんばります」

と、大声でみんなに向かって、宣言していました。

この男性の態度が変わったのは、課長さんが反抗をする彼の態度を責めないで、彼のためにできるだけのことをしてあげたからです。もしも、上司の権力で彼に命令をきかせようとしていたら、反抗はもっとひどくなっていたと思います。

相手が自分に反抗してくるときには、必ず何か理由があります。その理由がわかれば、解決することもできるのですが、わからない場合も少なくありません。そのようなときには、まずは自分が相手のためにできることを考えて行ってみましょう。

反抗している相手に対して行動を変えるようにいっても、相手は変わりません。相手に対する自分の行動を変えることによって相手も変わるはずです。

これまでの人生を振り返ってみよう。
ある決断の結果が、
今の自分を作ったのだ。
そして未来は、
これからの決断で作られる。

21/31 にち目

DAY 21

7つの習慣の言葉

「今日の私があるのは、過去の選択の結果だ」

（「第1の習慣」P.83）

妻が変わった決断

ある経営者は、新規事業を立ち上げたばかりで、ほとんど休みも取らずに働いていました。

彼には、４歳の娘と１歳の息子がいましたが、家族のことを考える余裕がなく、

「もう少し、家のことも考えてよ」

という妻とは毎日、ケンカばかりしていました。

ある日、彼が夜遅く仕事から帰って来ると、妻の泣いている声が寝室から聞こえます。そっと、様子を見てみると、薄暗い部屋の中で、妻が布団に寝ている子どもたちの前に座って、思いつめたような表情で泣き続けていました。

翌日、さすがに心配になった彼が、友人に相談をすると、

「大変じゃないですか？　自殺するかもしれないですよ。すぐに、何とかしたほうがいいですよ」

といわれてしまいます。友人の話を聞いて、不安になった彼は、何とか仕事の時間をやり繰りして、友人が薦めてくれた日本メンタルヘルス協会の先生に相談することにしました。

そして、先生に会うことができた彼は、妻のことを詳しく説明します。

彼の話をじっと、聞いていた先生は、

「他人を変えることはできません。
奥さんがおかしいのは、あなたのせいです。
あなたが変われば、奥さんも変わるから、

ここに通って勉強しなさい」

と、この協会に通って、心理学の勉強をすることを薦めました。

このとき、仕事が忙しかった彼はとても迷いましたが、協会に通って勉強をすることにします。仕事よりも妻のことを彼は初めて、優先したのです。

その後、彼は心理カウンセラーの勉強を通じて、ほかの人の気持ちが理解できるようになります。妻に対する態度も変わったので、彼女との関係も回復して、3人目の子どもが生まれました。

さらに、心理学の知識は、仕事にも役立って、彼の会社は大きく発展しました。彼は、当時を振り返って、

「もしも、あのとき、勉強をする決断をしなかったら、今の家庭も会社もありません」

と話しています。

誰にでも、これまでの過去を振り返れば、人生を大きく変えた決断があると思います。そして、これから行う決断によって、自分の未来が作られていきます。

数多くの決断のどれが、未来を大きく変える決断かは、誰にもわかりません。

1つひとつの決断を大切にすることです。

DAY 22

22/31 にち目

7つの習慣の言葉

「大切なことは、スケジュールに優先順位をつけることではなく、
優先すべきことをスケジュールにすることだ」

（「第3の習慣」P.217）

スケジュールには、

最初にやりたいことを入れよう。

あまった時間に、やりたいことを

入れるのではなく、やりたいことから

スケジュールに入れるのだ。

時間ができたら、やりたかったこと

彼は、仕事中に急にお腹が痛くなり、倒れてしまいます。

救急車で病院に運ばれ、検査を受けると、肝臓にガンがあることがわかりました。ベッドに横たわった彼が、医師に本当のことを話してほしいと頼むと、

「残念ながら、
このガンの場合には、手術は難しいです。
最悪の場合は3カ月の命だと思ってください」

といわれてしまいました。

彼は、休みもほとんど取らずに、熱心に働いていたので、ひどく落ち込んでしまいます。

お見舞いに来てくれた会社の人たちにも、

「やりたいことも我慢して、がんばってきたのに、どうして、こんな目にあわないといけないんだ」

と文句をいってしまいました。

彼には、結婚をして20年以上になる奥さんがいます。

余命が3カ月だと聞いて、最初は、彼女もどうしていいのかわからなくなりましたが、できるだけ彼の前では、明るく振る舞おうと決心をしました。

そして毎日、落ち込んで、ため息ばかりついている彼のために提案をします。

「結婚するときに、将来、時間ができたら、２人で美しい景色を見て回りたい、といっていたよね。今なら、できるんじゃない」

その後、彼は医師の許可を取ると、奥さんと一緒に、美しい景色を訪ねて旅行をします。南の海に沈む夕日、地平線まで丘が続く高原など、２人で一緒に美しい景色を見て回りました。

しかし、彼の病状は、徐々に悪化していきます。旅行に行ける場所も近くに限られていきました。やがて、再び病院に入院することになった彼は、奥さんに、

「ありがとう。おかげで、楽しい思い出ができた。
でも、もっと時間が欲しかったな……。
僕の分まで、やりたいことをやってね」

と、何度も伝えていました。

忙しい人ほど、時間ができたらやりたいと強く思っていることがあります。しかし、時間ができるのはいつなのでしょうか？

本当にやりたいことがあるのなら、その予定を最初にスケジュールに入れることです。何も考えずに予定を決めていたら、先に予定が埋まってしまって、本当にやりたいことをスケジュールに入れることができなくなってしまいます。

「もっとやりたいことをやればよかった」

人生の最後に後悔をしないためには、本当にやりたいことを、まずスケジュールに入れることです。

DAY 23

23/31 にち目

診断をしないで、
薬を出すお医者さんはいない。
状況がわからなければ、
正しい対処ができないからだ。
適切な行動を取るために、
まずは相手を理解しよう。

7つの習慣の言葉

「私たちはしばしば
診断するのを怠ってしまう」

（「第5の習慣」P.340）

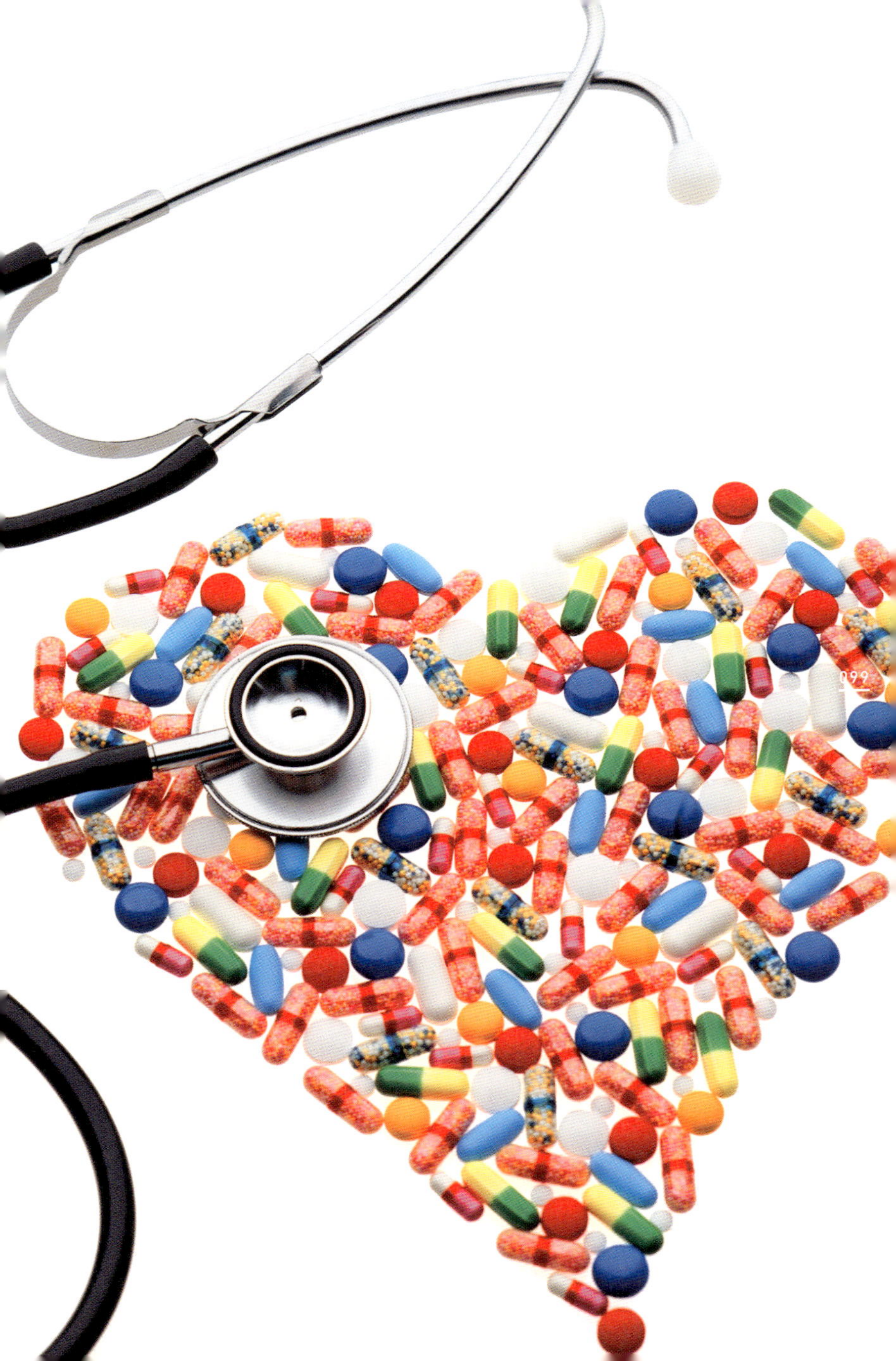

部下の事情とは

ある課長さんは部下のことで悩んでいました。

最近、遅刻が多くなり、仕事に対しても、集中していなかったからです。

「もっと、やる気を出してくれないと困る」

と何度も注意をするのですが、彼の態度は一向に変わりません。

先日も、彼が前日に着ていた服装のまま出社してきたので、

「そんな汚れたワイシャツでは、営業ができないだろ。気をつけてほしい」

と怒ったのですが、黙って、顔を伏せているだけでした。

このようなことが、続いたので、課長さんは、彼のことが心配になります。そこで、彼が会社を出たあとを気づかれないように、つけてみることにしました。

その日、「営業に行ってきます」といって会社を出た彼でしたが、あとをつけてみると、営業先ではなく、大きな病院に入って行きます。

30分後、入り口で待っていた課長さんが、病院を出て来た彼を捕まえて事情を聞くと、

「妻が倒れて、入院してしまいました。幼い子どもの面倒も見ないといけないので、大変なんです」

と初めて、事情を打ち明けてくれました。

話を聞いた課長さんは、頼る人がいない彼

のために、しばらく、子どもの面倒を見てあげることにします。そこまでやってもらっては申しわけがないという彼に、

**「心配はいらない。家内も久しぶりに
幼い子どもの面倒を見ることができて、喜ぶから」**

と説得をしました。

その後、彼の妻の病気が回復して、退院をすることが決まります。
「本当にお世話になりました。どのようにお礼をしたらいいのかわかりません」

と彼が課長さんに話すと、こう答えました。

**「仕事をがんばってくれればいいよ。
あとは、家内が寂しがるから、
子どもと遊びに来てくれ」**

課長さんが彼のことをやる気がない部下だと決めつけていたら、状況は大きく違っていたと思います。彼のことを理解しようとした結果、課長さんは大きな信頼を手に入れることができました。

相手のことを理解しようと思わなければ、わからないことがあります。

自分の思い込みで判断しないで、まずは、理解しようと努力をしてみましょう。自分の行動を決めるのは、それからでも遅くはありません。

Day 24

24/31 にち目

7つの習慣の言葉

「自分とは違うものを持つ他者と接することで、
自分の知識が深まり、現実をもっと正確に理解できるようになる」

（「第６の習慣」P.408）

自分をもっと成長させたいのなら、
自分とは違うものを
持っている人とつき合ってみよう。
その人が与えてくれる影響は
思った以上に大きいはずだ。

川の清掃が教えてくれたこと

会社を起業して、がんばっている若手の経営者がいます。彼は、どうすれば、早く実績を上げることができるのかを毎日、必死に模索していました。

ある日、彼は、奥さんから地域で行っている川の清掃活動を頼まれます。

「会社の実績を上げないといけないから、
そんなことをやっている暇はないんだけど……」

と断るのですが、私が急に行けなくなったから、半日だけでも手伝いに行ってほしいとお願いされて、しぶしぶと参加することになりました。

清掃活動の当日、彼が集合場所に行ってみると、彼のような若い男性はいません。

やっぱり、断ればよかったと、後悔をしていると、責任者のおじいさんが近づいてきます。そして、彼にゴミ袋を渡して声をかけました。

「初めてで、要領がわからないと思うので、
一緒にやりましょう」

その後、２人は河原に降りて行って、茂った草の間に落ちているゴミを拾い始めます。

彼は、作業を始めてすぐに、思った以上に多くのゴミが落ちていることに驚きました。持っていたゴミ袋が、あっという間に一杯になります。彼は思わず、

Day 24

「こんなことをコツコツとやっても、無駄だと思いませんか？
ゴミが多すぎます」
と隣で一生懸命にゴミを拾っているおじいさんに愚痴をいいます。

**「たしかに、川のゴミを全部、拾うのは無理ですね。
でも、今、私がゴミを拾った場所はきれいになった。
それだけでも、うれしいじゃないですか」**

彼は、おじいさんが励ましてくれたその言葉を素直に受け取れません。

「でも、せっかく、きれいにしても、ここに誰かがすぐに、ゴミを捨てるかもしれないですよ」

おじいさんは、ゴミを拾う手を休めて、彼を見つめると、

「そのときは、また、きれいにすればいいんですよ」

と微笑みました。

彼は、午前中の作業が終わったら、帰るつもりでしたが、午後も作業を続けました。そして、その日の夕食の時間、奥さんに話しました。

「今日は、川の掃除をして、自分に足りないものがわかった。すぐに実績を出そうと焦っていたよ」

彼は、自分の仕事では出会うことのないおじいさんから、事業に必要なことを学びました。

いつも同じタイプの人たちと一緒にいたのでは、大きく成長はできません。普段と違う環境の人たちの中に入るのは、とても勇気のいることです。しかし、その人たちが与えてくれることは大きいです。

7つの習慣の言葉

「何を期待するのかを明確にしておかないと、必ず誤解を生み、相手を失望させ、信頼を引き出してしまうことになる」

（「相互依存のパラダイム」P.269）

お互いのために、
持っている期待を明確にしよう。
自分が思っているだけでは、
相手には伝わらない。
相手の期待がわからなければ、
応えることもできない。

Day 25

25/31 にち目

本当に求めていること

ある女性は、選んだ男性と結婚をしたことを後悔していました。

交際しているときには、真面目だから、この人となら幸せになれると思ったのですが、結婚してみると、仕事以外はほとんど趣味がなくて、遊びに行く計画も立ててくれない男性に不満を持っていたのです。

そして、結婚してから３年後、ついに、我慢ができなくなった彼女は、

「あなたの性格には、ついていけません。
一緒に暮らすのが嫌になったので、出て行きます」

といって、家を出てしまいます。

その後、彼女は、友だちと一緒に外食をしたり、旅行に出かけたりします。

そのような生活が続いていたある日、彼女が友だちの家に泊めてもらっていたときのことです。

「ご主人とのことは、どうするの？　悪い人ではないんだから、嫌なところをしっかりと話して、直してもらえばいいんじゃない？」

と、友だちに説得をされます。

彼の性格だから、直らないと思った彼女でしたが、いつまでもこのような生活を続けているわけにもいかないと思って、家に戻って、とりあえず話をすることにしました。

そして、急に彼女が帰って来て、驚いている彼に、

「私は、毎週１度は外食をしたいし、
年に3回は旅行に行きたい。
それなのに、あなたは何の計画も立ててくれない。
だから、嫌になったの」

と伝えました。彼は黙って、彼女を見つめています。

「何で、黙っているの？　あなたも私にいいたいことがあるでしょ。この際だから、いってくれる？」

彼女が問いつめると、彼はゆっくりと、

「私の望みは、
あなたが幸せになることだけだから……」

と答えました。

彼の言葉を聞いて、彼女は初めて、彼の本当の気持ちがわかったと思います。

どんなに相手のことを思っていても、相手の気持ちがわかるとはかぎりません。そして、どんなに相手と過ごす時間が長くなっても、相手が持っている本当の期待はわかりません。

「どうして、そんなこともわかってくれないのだろう？」と悩むくらいなら、その期待を相手に素直に伝えることです。

お互いの期待を明らかにしておくことが、関係を深める大きなポイントになります。

7つの習慣の言葉

「すべてのものは、まず頭の中で創造され、
次に実際にかたちのあるものとして創造される」

（「第２の習慣」P.120）

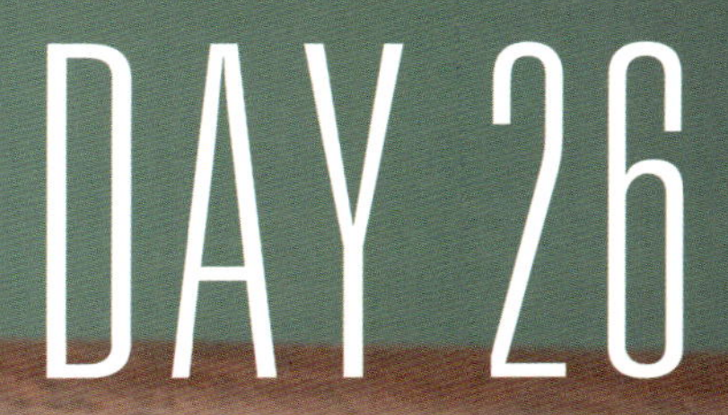

DAY 26

26/31 にち目

想像できないことを
達成することはできない。
まず、自分が欲しいものを
手に入れている姿を想像しよう。
明確に想像すればするほど、
実現が近づいてくる。

夢を叶えるために続けたこと

学生時代、スポーツをしていた男性は、海外で活躍するトップ選手のサポートをしたいと思って、スポーツメーカーに就職をしました。

しかし、彼が配属された部署は、国内の小売店の営業を担当する部署でした。

「なんだよ。営業かよ」

とがっかりする同期もいたのですが、彼は海外のトップ選手をサポートしたいという夢を持ち続けます。

トップ選手の活躍を雑誌で見るたびに、その選手をサポートしている自分の姿を想像していました。さらに、選手と話すときのために必要になると考えて、英会話も学んでいました。

あるとき、海外事業部から、彼の所属する営業部に依頼があります。

その内容は、急にオーストラリアのトップ選手から、このメーカーのラケットを使ってみたいと連絡があったけれども、海外事業部の人手が足りない。そこで、営業部の誰かに、代わりに届けてほしいということでした。

すぐに、営業部の部長の頭には、いつも選手のサポートをしたいと話していた彼のことが思い浮かびます。さっそく彼を呼んで、依頼の内容を伝えると、

「ぜひ、やらせてください。その選手のことは、興味があったので、良く知っています。もちろん、英語も大丈夫です」

と、自信のある笑顔で答えました。

その後、彼は、海外事業部からラケットを受け取ると、オーストラリアにあるトップ選手の自宅まで届けます。さらにラケットを使用する契約の説明もしてきました。

彼がラケットを届けてから数日後、海外事業部に、そのトップ選手から連絡が入ります。

「ラケットを届けてくれた
彼が担当をしてくれるのなら、契約をしてもいい」

彼の選手をサポートしたいという熱意がその選手に伝わったからでした。

このことがきっかけとなって、彼は営業部から海外事業部に異動になります。

そして、自分がやりたかったトップ選手をサポートする仕事を手に入れることができました。

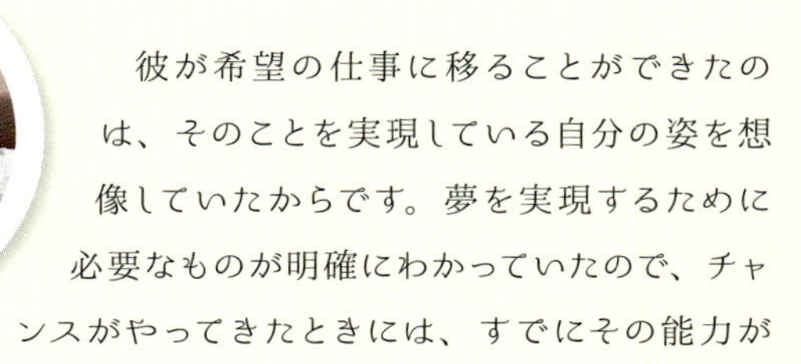

彼が希望の仕事に移ることができたのは、そのことを実現している自分の姿を想像していたからです。夢を実現するために必要なものが明確にわかっていたので、チャンスがやってきたときには、すでにその能力が備わっていました。

もしも欲しいものを手に入れたいのなら、まずは、それを手に入れている姿を想像してみましょう。そのことを明確に想像すればするほど、実現の可能性も高くなっていきます。

本当に大切なものを
犠牲にしてしまったら、
どんな成功も虚しいだけだ。
自分にとって、何よりも大切なものを
見失ってはいけない。

7つの習慣の言葉

「人は虚しい勝利を手にすることがよくある。
成功のためにと思って犠牲にしたことが、
実は成功よりもはるかに大事なものだったと突然思い知らされる」

（「第2の習慣」P.119）

Day 27

27/31 にち目

誰もお見舞いに来てくれない病室

彼が入院している病室は、病院とは思えない豪華な作りになっている部屋でした。テレビや冷蔵庫があるだけではなく、ソファーやテーブルも置かれていて、まるで高級ホテルのスィートルームのようです。

しかし、せっかくの豪華な部屋を訪ねて来る人は誰もいませんでした。毎日、彼は１人で大きなテレビ画面を見て過ごしていました。ある日、看護師さんが彼に、

「せっかくのお部屋ですから、お知り合いの方に来てもらったらいかがですか？　そのほうが、良い気分転換にもなりますよ」

と話すと、彼は寂しそうに、

「お見舞いに来てくれるような人は、
誰もいないんです。私は、若い頃から、
仕事で成功するために、必死に働いてきました。
その結果、お金を得ることはできました。
でも、すべてを犠牲にしてしまいました」

と答えます。そして、これまでの人生を看護師さんに話し始めました。

彼には、家族が誰もいませんでした。結婚をしたこともあったのですが、奥さんが、仕事のことばかり考えていた彼についていけなくなって、離婚してしまいます。

ほとんどの時間を仕事に使っていたので、趣味や友人とのつき合

いも、ありませんでした。

彼の話を聞き終えた看護師さんが、

「でも、仕事で成功できたのですから、すごいですよ」

と励ますと、

**「仕事で成功するために、
友人を裏切ったこともあります。
私は、お金や地位に惑わされてしまって、
本当に大切なことに気がつかなかったんです」**

彼は深いため息をついて、病室を見わたしました。

もしも、彼が家族や友人のことを少しでも考えることができていたら、人生は大きく違ったはずです。

何か１つのことを目指して、必死に努力をすることは素晴らしいことだと思います。

しかし、がんばっている人ほど、彼のように周りのことが見えなくなります。

目標を見つけて、がんばっているときに注意しなければいけないことは、達成したときに、どのような結果になるのかをしっかりと想像することです。

失ってしまうことが得ることよりも大きかったら、何のために必死の努力をしたのかが、わからなくなってしまいます。

自分に起こった出来事が
人生を決めるのではない。
その出来事に
どのように対応したのかが、
自分の人生を決めるのだ。

DAY 28

28/31 にち目

7つの習慣の言葉

「刺激と反応の間にはスペースがあり、
そのスペースをどう使うかが人間の成長と幸福の鍵を握っている」

（「再び、インサイド・アウト」P.458）

差別との闘い方

人として初めて、野球のメジャーリーグの選手になったジャッキー・ロビンソン選手は入団当時、人種差別に苦しみます。

当時のアメリカでは、レストランやホテルでも白人と黒人をわけるのが当たり前でした。

同じグラウンドで、白人と黒人が一緒にプレーをするのはとんでもない、と考える人が多くいたのです。

オーナーの意向があって入団した彼でしたが、チームメイトからも嫌がらせを受け続けます。

チームの何人かは、

「彼がチームに加わるのなら、プレーをしない」

と球団に伝えました。

試合では、敵のチームからは、もちろん、観客や味方からもたくさんのヤジを浴びせられます。相手チームの選手は、セカンドを守っていた彼をめがけて、故意に、スライディングをしました。

このようなプレーが原因で、彼はケガをしたこともありました。しかし、このような状況でも、彼は文句をいわずに怒りを抑えて、黙々と自分ができるプレーを続けます。

「チームやファンに認められるには、試合で活躍を続けるしかない」

と考えていたからです。

彼は、チームの誰よりも必死に野球に取り組みます。どんな試合状況でも、すべての打席で集中し、積極的な守備や走塁を披露しました。

このような彼の態度が、少しずつチームメイトやファンの心を変えていきます。

やがて、相手チームのヤジに対して、チームメイトが彼をかばうようになりました。さらに、彼の活躍でチームが快進撃を続けた結果、ファンから彼への声援も日増しに増えていきます。

そして、この年、彼の大活躍のおかげで、チームは優勝を手に入れることができました。

その後、彼は10年間、メジャーリーグで活躍し、首位打者やMVPを獲得します。

野球だけではなく、その生き方を通じて、多くの人たちに影響を与えた彼の背番号42番は、逆境に負けずにプレーを続けた彼を称えるために、全球団に永久欠番となりました。

彼は、多くの人に批判される状況になっても、自分がやるべきことに集中しました。その結果、多くの人から賞賛を受けることになります。

自分に起きた出来事に対して、どのように考え、行動するのかが人生を大きく左右します。どんなことがあっても、その起きた出来事で人生が決まるわけではありません。

Day 29

29／31 にち目

人間関係には、応急処置はきかない。
築くにも、修復をするにも
時間が必要となる。
相手のために、できることを
コツコツと続けていこう。

7つの習慣の言葉

「人間関係において応急処置は
幻想にすぎないことを肝に銘じてほしい。
人間関係は、築くにも修復するにも、時間がかかる」

（「相互依存のパラダイム」P.261）

父親と呼べた日

ある男性が、７歳の男の子のいる女性と再婚をしました。

彼は、彼女を愛するのと同じぐらいに男の子のことを大切にするのですが、病気で亡くなったお父さんとの思い出が強く残っていて、彼に気を許してはくれません。

お母さんは、何度も、男の子に彼のことをお父さんと呼びなさいといったのですが、

「僕のお父さんは、１人だけだ」

と、ずっと反発をしていました。彼は、そんな男の子の態度に、

「どうして、お父さんと呼んでくれないんだろう？」

と悩みましたが、

「実のお父さんが、それだけ素晴らしい人だったのだから、いいことじゃないか」

と思うように努力しました。

「父親には、なれないかもしれない。でも、この子のために、できることはすべてやってあげよう」

と決心して、男の子のためだと思ったことは、嫌われることを覚悟して、厳しくするようにしました。

その後、彼の気持ちが徐々に男の子にも伝わって、２人の関係は良くなっていきますが、お父さんと呼ばれることはありませんでした。男の子は彼のことをＡさんと、ずっと呼び続けていました。

それから13年後、男の子が結婚することになります。

その結婚式の最後に、新郎となった男の子から、彼へのスピーチ

がありました。

「病気で亡くなった実の父が大好きだったので、
母と再婚したAさんを父とは思いたくなかった。
反抗したことも多かったです。
それでも、Aさんは、そんな私を実の子ども以上に
大切に育ててくれました。
これまで、どうしても、
お父さんと呼ぶことができなかったけど、
今日を機会に、お父さんと呼びたいです。
お父さん、今まで、本当にありがとう。
これからもよろしくお願いします」

このスピーチを聞いた彼は、涙をこらえることができませんでした。

彼は、彼女に連れられてきた男の子に初めて会ったとき、

「ちょっと、生意気だけどいい子だ。
この子なら命がけで守れる」

と決心したことを思い出していました。

本当の人間関係を作ろうと思ったら、相手のために自分のできることを続けることです。相手を思うその気持ちは、すぐには伝わらないかもしれませんが、いつかは必ず伝わるはずです。

変わってくれない相手を責めたり、そのことで悩んだりしても仕方がありません。

本当の関係を作るためには、時間が必要なことを覚えておきましょう。

30/31 にち目

人生で使える道具は
自分自身の力だけだ。
その道具のメンテナンスを
怠ってしまったら、肝心なときに、
その道具は使いものにならない。

7つの習慣の言葉

「『刃を研ぐ』ことは、自分の人生に対してできる
最大の投資である。自分自身に投資することだ。
人生に立ち向かうとき、あるいは何かに貢献しようと
するときに使える道具は、自分自身しかない」

（「第7の習慣」P.426）

プロジェクトが成功した理由

入社してから５年目になった男性は、自分の部署のプロジェクトを初めて任されることになります。その期待に応えようと、彼は、休みも惜しんで必死にがんばりました。

しかし、プロジェクトが半分まで進んだところで、体調を壊して、入院をすることになってしまいます。

当然、プロジェクトの責任者も違う人に代わることになってしまいました。

病院に、お見舞いに来てくれた上司から、

「プロジェクトのことは忘れて、
今は、病気を治すことに専念してほしい」

と伝えられたとき、彼は、とても情けなくなります。

「せっかくがんばったのに、肝心なときに病気になってしまった。俺は何をやっているんだ」

と病院のベッドの中で、悔やみ続けていました。

それから数週間後、無事に退院をすることができた彼は、仕事に復帰するのと同時に、スポーツクラブに通い始めます。自分に体力がなかったことが体調を崩す原因になったと反省したからです。

以前は、同僚に飲みに誘われると喜んで、ついて行っていたのですが、

「今日は、スポーツクラブに行く日だから、やめておくよ。誘ってくれてありがとう」

と断るようになりました。

そして、数年後、再び、彼はプロジェクトの責任者を任されることになります。

前回の失敗を取り戻そうと、彼は、以前よりも必死に働きました。

しかし、今回は、日頃から体を鍛えていることもあって、それほど、負担を感じません。無理をして、夜遅くまで働いても、翌日に疲れが残ることは、ほとんどありませんでした。

その結果、彼は期待以上の成果をプロジェクトで達成することができます。

その打ち上げのパーティーで成功の要因を聞かれた彼は、

「以前にプロジェクトを任されたとき、病気になって迷惑をかけました。今回は、その汚名返上のために、絶対に成功したかったです。前回よりも、大変な日程だったので、日頃から、体を鍛えておいて、本当によかったです」

と話しました。

健康なときには、どうしても、その大切さがわかりません。彼は病気になってしまったことで、そのことに気づいて、自分自身を鍛える努力を続けてきました。

肝心なときに、力を発揮するためには、そのための準備が必要です。いざというときのために、体力や知識を日頃から自分自身につけておきましょう。

DAY 31

31／31 にち目

種をまかなければ、
収穫を得ることはできない。
人生で成果を得たいのならば、
そのための種をまこう。
どんな種をまくのかで、
得るものが違うのも当然だ。

7つの習慣の言葉

「種を蒔いたものしか刈り取れないのであって、
それ以上でも以下でもない」

（「第7の習慣」P.454）

閉店日の出来事

彼は、長年やってきた食堂を閉めることにしました。

70歳を過ぎて、あとを継いでくれる人もいないので、このあたりが限界だと感じていたからです。

そして、お店の入り口に、『今月末で閉店をします』と貼り紙を出しました。

「お店、閉めるんですか？　学生時代、毎日のように、このお店に通っていたので残念です」

スーツ姿の男性が、その貼り紙を見て、彼に声をかけてきます。

「覚えてないですか？　貧乏学生には、おまけだと、いつもサービスしてくれたじゃないですか」

その顔をまじまじと見ていた彼が、当時を思い出して、

「ああ、毎日のように、数人で来てくれていたよね。みんなはどうしてる？」

と質問をすると、男性は、友人の話や当時の思い出をうれしそうに話しました。

田舎から出て来た人たちにとっては、気さくに話しかけてくれるおじさんがいるこの食堂が、実家のように感じられていたことも伝えました。

それから数日後、食堂が閉店する日になります。その日は、朝から、多くのお客さんが食堂に来ていました。お店の前には、長い行列もできています。

先日の男性も、多くの友だちと一緒に来ていました。

「どうしたんだろうね。こんなにお客さんが来てくれるなんて、驚いたよ」

彼が照れながら、話すと、

「お店が閉店することを友だちに伝えたら、何があっても行くといってくれました、みんな、このお店と、おやじさんに感謝しているんですよ。お疲れ様でした」

男性は、お礼をいうと、大きな花束と一緒に、友だちとお金を出し合って買ったプレゼントを手渡しました。

その日は、閉店時間を延ばすほどの大盛況でした。

最後のお客さんたちが、帰る姿を見送った彼は大きく息を吐きます。

「がんばって、やってきたかいがあったな」

彼は、静かにつぶやきました。

お店のカウンターの上には、多くの花束やプレゼントが山のように積まれています。

閉店の日に、多くのお客さんが来てくれたのは、彼が、それまで毎日、誠実に仕事を積み重ねてきたからです。コツコツと努力を続けてきたことが満足のできる結果に結びつきました。

自分自身が、日々行っていることが、必ず将来の結果となって返ってきます。もしも満足ができる結果を得たいのなら、そのために、必要なことを毎日やり続けることです。

「7つの習慣」の理解を深める、
『完訳 7つの習慣』対応表

DAY 1	母親からの卒業	インサイド・アウト
DAY 2	採用を決めたポイント	相互依存のパラダイム
DAY 3	友人が思い出させてくれたこと	はじめに
DAY 4	残してくれたバースデーカード	はじめに
DAY 5	練習が与えてくれたこと	7つの習慣とは
DAY 6	農業を選んだ本当のわけ	第1の習慣
DAY 7	悪口をいわれても	相互依存のパラダイム
DAY 8	父親に反対された結婚	第4の習慣
DAY 9	課長が仕事をやらせてくれない理由	第1の習慣
DAY 10	事故が教えてくれたこと	第1の習慣
DAY 11	必死に考えた答え	第5の習慣
DAY 12	もう一度、失敗できないわけ	第3の習慣
DAY 13	引きこもった息子へ	第1の習慣
DAY 14	ビジネスモデルの失敗	相互依存のパラダイム
DAY 15	カンボジアの子どもたち	第4の習慣
DAY 16	間違っていた努力	第2の習慣
DAY 17	パパと男の子との約束	第3の習慣
DAY 18	おばあちゃんの笑顔のために	インサイド・アウト
DAY 19	本当の悩み	第5の習慣
DAY 20	左遷されてきた部下	相互依存のパラダイム
DAY 21	妻が変わった決断	第1の習慣
DAY 22	時間ができたら、やりたかったこと	第3の習慣
DAY 23	部下の事情とは	第5の習慣
DAY 24	川の清掃が教えてくれたこと	第6の習慣
DAY 25	本当に求めていること	相互依存のパラダイム
DAY 26	夢を叶えるために続けたこと	第2の習慣
DAY 27	誰もお見舞いに来てくれない病室	第2の習慣
DAY 28	差別との闘い方	再び、インサイド・アウト
DAY 29	父親と呼べた日	相互依存のパラダイム
DAY 30	プロジェクトが成功した理由	第7の習慣
DAY 31	閉店日の出来事	第7の習慣

著者 **中山和義**（なかやま・かずよし）
1966年生まれ。日本メンタルヘルス協会公認心理カウンセラー。日本コンサルタント協会公認PBCコンサルタント。成蹊大学経営工学科卒業後、海外スポーツビジネスを経験し、帰国後、ヨネックス株式会社勤務。テニススクール担当として200カ所以上の事業所で販売促進企画を実施。退社後、父親の経営する緑ヶ丘ローンテニスクラブの経営改善に着手し、赤字テニスクラブを業界トップのテニスクラブに改善。また、ビジネスの経験と心理カウンセラーとしての知識を応用したセミナーは高い評価を受けている。
著書に38万部を超えるベストセラー『大切なことに気づく24の物語』をはじめとした「24の物語」シリーズ（フォレスト出版）、『すれ違ってしまった相手との心の修復法』（PHP研究所）、『人生が変わる感謝のメッセージ』（大和書房）、『上達のコツ』（きずな出版）など多数。
▶ **http://www.nakayamakazuyoshi.com**

監修 **フランクリン・コヴィー・ジャパン**
「7つの習慣」をベースとしたセミナー・研修を展開。企業の各種セグメントを対象に、リーダーシップ向上、生産性向上、組織の実行力向上などを目的とした指導を行う。教育方面では、中学・高校への「7つの習慣」の導入・定着支援により、生徒の行動力や目標達成力などを高める貢献も積極的に実施している。
▶ **http://www.franklincovey.co.jp**

スティーブン・R・コヴィーについて

スティーブン・R・コヴィー（Stephen Richards Covey）は、世界で最も影響力のあるビジネス思想家の1人で、リーダーシップ論の権威。ユタ大学、ハーバード大学経営大学院などで学び、教職を経て「7つの習慣」をはじめとするリーダーシップ論を提唱。1989年、ビジネスコンサルタント会社「コヴィー・リーダーシップ・センター」を設立。1997年に合併し、「フランクリン・コヴィー社」の副会長となる。以後、世界各国の政府や企業のリーダーに対し、広くコンサルタントとして活躍。日本では、著書『7つの習慣 成功には原則があった！』（ジェームス・スキナー、川西茂訳）、『第8の習慣「効果」から「偉大」へ』（フランクリン・コヴィー・ジャパン編）などで話題となり、2013年、『完訳7つの習慣 人格主義の回復』（フランクリン・コヴィー・ジャパン編、以上、キングベアー出版）が刊行され、新たに注目を集めている。ユタ州立大学商経学部終身教授。2012年7月、79歳で永眠。

物語が教えてくれる 7つの習慣

2015年12月1日　初版発行

著　者　中山和義
監　修　フランクリン・コヴィー・ジャパン
発行者　太田　宏
発行所　フォレスト出版株式会社
〒162-0824
東京都新宿区揚場町2-18　白宝ビル5F
電話　03-5229-5750（営業）
　　　03-5229-5757（編集）
URL　http://www.forestpub.co.jp

ブックデザイン　中村勝紀（TOKYO LAND）
本文写真提供　株式会社アマナイメージズ
カバー写真　© Tatyana Tomsickova/500px Prime/amanaimages
印刷・製本　日経印刷株式会社

ISBN978-4-89451-690-8　Printed in Japan
乱丁・落丁本はお取り替えいたします。

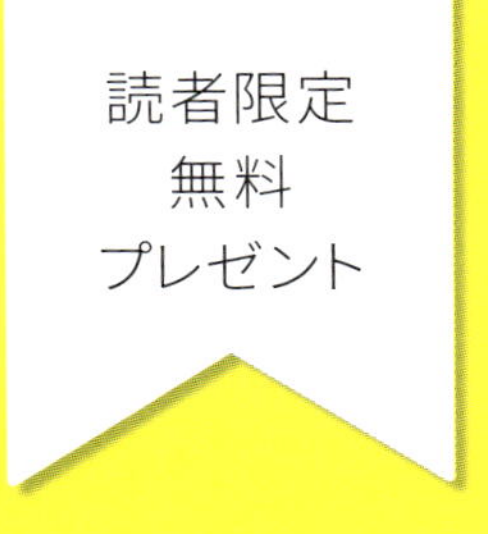

「7つの習慣」を効果的に発揮するために、
さらに特別な“3つの物語”をご用意いたしました。

3つの物語が教えてくれる「7つの習慣」のちから

PDFファイル

無料プレゼントはこちらからダウンロードできます。

http://www.forestpub.co.jp/7habits/

Google、Yahoo!などの検索エンジンで「フォレスト出版」と検索。
HPアドレスのあとに、「7habits」とご入力ください。

※ 特別プレゼントはWEB上で公開するものであり、小冊子・DVDなどをお送りするものではありません。
※ 上記特別プレゼントのご提供は予告なく終了となる場合がございます。あらかじめご了承ください。